The Dreamer of Paris: Short Stories in French for Beginners

Artici Bilingual Books

Published by Artici Bilingual Books, 2024.

While every precaution has been taken in the preparation of this book, the publisher assumes no responsibility for errors or omissions, or for damages resulting from the use of the information contained herein.

THE DREAMER OF PARIS: SHORT STORIES IN FRENCH FOR BEGINNERS

First edition. April 15, 2024.

ISBN: 979-8224996551

Written by Artici Bilingual Books.

Table of Contents

Le Cottage au Bord de la Seine

Dans un petit cottage niché le long des rives de la Seine, vivait une jeune femme nommée Elise. Elle était une âme douce, avec un cœur aussi pur que l'eau qui coulait devant chez elle.

Elise habitait dans le cottage depuis aussi longtemps qu'elle s'en souvenait, ses journées remplies de simples plaisirs comme s'occuper de son jardin et regarder les bateaux passer. Elle n'avait pas de famille à proprement parler, mais cela ne la dérangeait pas - elle trouvait du réconfort dans la beauté tranquille de son environnement.

Un jour, alors qu'Elise marchait le long de la rive, elle aperçut une petite embarcation dérivant paresseusement en aval. Curieuse, elle s'approcha du bateau et regarda à l'intérieur, où elle vit un jeune homme allongé inconscient.

Le cœur d'Elise battait la chamade d'inquiétude alors qu'elle tendait la main pour réveiller l'homme. Il remua avec engourdissement, ses yeux s'ouvrant pour révéler une paire d'yeux bleu profond qui scintillaient comme la rivière au soleil.

"Ça va?" demanda Elise, sa voix emplie d'inquiétude.

L'homme hocha faiblement la tête, sa voix à peine un murmure. Il se présenta comme Julien, un voyageur d'une contrée lointaine pris dans une tempête alors qu'il naviguait sur la rivière.

Sans hésitation, Elise aida Julien à sortir du bateau et le conduisit à son cottage, où elle s'occupa de ses blessures et le soigna. Dans les jours qui suivirent, ils se rapprochèrent, partageant des histoires et des rires alors qu'ils explorèrent la campagne ensemble.

Alors qu'ils marchaient main dans la main le long de la rive, Julien ne put s'empêcher de ressentir un sentiment de paix l'envahir. Pour la première fois de sa vie, il se sentit vraiment chez lui - non pas à cause du lieu, mais à cause de la personne à ses côtés.

Mais à mesure que les jours se transformaient en semaines, les pensées de Julien se tournaient vers le monde au-delà de la rive. Il savait qu'il ne pouvait pas rester dans le cottage éternellement, peu importe combien il désirait être avec Elise.

Et donc, un soir, alors qu'ils étaient assis ensemble près du feu, Julien prit une décision. Il partirait le lendemain matin, retournant dans sa patrie pour remplir ses devoirs et ses responsabilités.

Le cœur d'Elise se serra à cette nouvelle, mais elle savait qu'elle ne pouvait pas demander à Julien de rester. Elle avait vu la détermination dans ses yeux, le désir d'aventure qui brûlait en lui comme une flamme.

Et ainsi, le cœur lourd, elle fit ses adieux à Julien, le regardant disparaître dans la rivière dans le même bateau qui l'avait amené jusqu'à elle.

Pendant des jours, Elise erra seule dans la campagne, son cœur lourd de chagrin. Julien lui manquait plus que les mots ne pouvaient l'exprimer, son absence comme un trou béant dans sa vie.

Mais alors, un jour, alors qu'elle marchait le long de la rive, elle vit quelque chose flottant dans l'eau. C'était le bateau de Julien, battu et usé par son voyage en aval.

Avec un cri de joie, Elise se précipita au bord de l'eau et tira le bateau à terre. Et là, couchée au fond du bateau, se trouvait une lettre adressée à elle.

Tremblante d'anticipation, Elise ouvrit la lettre et lut les mots à l'intérieur. Ils étaient écrits par Julien, son écriture tremblante mais emplie d'amour et de désir.

Dans la lettre, Julien confessa ses sentiments pour Elise, promettant de revenir vers elle dès qu'il le pourrait. Il parla de ses aventures et des merveilles qu'il avait vues, mais il parla aussi de son désir d'être à nouveau à ses côtés.

Des larmes montèrent aux yeux d'Elise alors qu'elle lisait la lettre, son cœur débordant d'amour pour l'homme qui avait capturé son cœur. Et à cet instant, elle sut que peu importe où la vie les mènerait, ils retrouveraient toujours leur chemin l'un vers l'autre.

Avec un renouveau d'espoir dans son cœur, Elise se mit à attendre le retour de Julien, sachant que leur amour était plus fort que n'importe quelle distance ou obstacle qui se dressait sur leur chemin. Et alors qu'elle regardait le soleil se coucher sur la rivière, elle ressentit un sentiment de paix l'envahir, sachant qu'ils seraient bientôt réunis à nouveau.

The Cottage by the Seine

In a small cottage nestled along the banks of the Seine River, there lived a young woman named Elise. She was a gentle soul, with a heart as pure as the water that flowed past her home.

Elise had lived in the cottage for as long as she could remember, her days filled with simple pleasures like tending to her garden and watching the boats sail by. She had no family to speak of, but she didn't mind – she found solace in the quiet beauty of her surroundings.

One day, as Elise was walking along the riverbank, she spotted a small boat drifting lazily downstream. Curious, she approached the boat and peered inside, where she saw a young man lying unconscious.

Elise's heart raced with concern as she reached out to shake the man awake. He stirred groggily, his eyes fluttering open to reveal a pair of deep blue eyes that sparkled like the river in the sunlight.

"Are you alright?" Elise asked, her voice filled with worry.

The man nodded weakly, his voice barely a whisper. He introduced himself as Julien, a traveler from a distant land who had been caught in a storm while sailing down the river.

Without hesitation, Elise helped Julien out of the boat and led him back to her cottage, where she tended to his injuries and nursed him back to health. In the days that followed, they grew closer, sharing stories and laughter as they explored the countryside together.

As they walked hand in hand along the riverbank, Julien couldn't help but feel a sense of peace wash over him. For the first time in his life, he felt truly at home – not because of the place, but because of the person by his side.

But as the days turned into weeks, Julien's thoughts turned to the world beyond the riverbank. He knew that he couldn't stay in the cottage forever, no matter how much he longed to be with Elise.

And so, one evening, as they sat together by the fire, Julien made a decision. He would leave the next morning, returning to his homeland to fulfill his duties and responsibilities.

Elise's heart sank at the news, but she knew that she couldn't ask Julien to stay. She had seen the determination in his eyes, the longing for adventure that burned within him like a flame.

And so, with a heavy heart, she bid Julien farewell, watching as he disappeared down the river in the same boat that had brought him to her. For days, Elise wandered the countryside alone, her heart heavy with sorrow. She missed Julien more than words could express, his absence like a gaping hole in her life.

But then, one day, as she was walking along the riverbank, she spotted something floating in the water. It was Julien's boat, battered and worn from its journey downstream.

With a cry of joy, Elise rushed to the water's edge and pulled the boat ashore. And there, lying in the bottom of the boat, was a letter addressed to her.

Trembling with anticipation, Elise opened the letter and read the words inside. They were written by Julien, his handwriting shaky but filled with love and longing.

In the letter, Julien confessed his feelings for Elise, promising to return to her as soon as he could. He spoke of his adventures and the wonders he had seen, but he also spoke of his desire to be by her side once again.

Tears welled up in Elise's eyes as she read the letter, her heart overflowing with love for the man who had captured her heart. And in that moment, she knew that no matter where life took them, they would always find their way back to each other.

With renewed hope in her heart, Elise set out to wait for Julien's return, knowing that their love was stronger than any distance or obstacle that stood in their way. And as she watched the sun set over the river, she felt a sense of peace wash over her, knowing that they would be together again soon.

Le Vignoble

Au cœur de la campagne française, nichée parmi les collines verdoyantes et les vignobles étendus, se dressait une ferme rustique entourée de champs de blé doré. C'était la maison de Pierre, un homme robuste et endurci par les intempéries, passionné par l'art de la vinification.

Pierre avait hérité du vignoble de son père, qui avait soigné les vignes avec soin et dévouement depuis des générations. Dès son plus jeune âge, Pierre avait appris l'art de la vinification, maîtrisant l'équilibre délicat entre le sol, le soleil et le raisin.

Chaque matin, Pierre se levait avant l'aube et partait dans les champs, son fidèle chien à ses côtés. Il prenait soin des vignes d'une main experte, taillant les branches mortes et vérifiant les signes de maladie.

Au fur et à mesure que le soleil montait dans le ciel, Pierre se retirait à l'ombre fraîche de la ferme, où il passait le reste de la journée à travailler sans relâche dans la cave, fermentant le raisin et embouteillant le vin.

C'était une vie solitaire, mais qui convenait parfaitement à Pierre. Il appréciait la solitude tranquille de la campagne, le rythme des saisons et la satisfaction de voir son dur labeur se concrétiser sous la forme d'un vin riche et savoureux.

Mais malgré son amour pour le vignoble, Pierre ne pouvait se défaire du sentiment de solitude qui rongeait son cœur. Il aspirait à la compagnie, à quelqu'un avec qui partager sa passion et sa vie.

Et ainsi, un jour, Pierre prit une décision. Il ouvrirait son vignoble aux visiteurs, invitant les touristes de près et de loin à venir découvrir la beauté de la campagne française et l'art de la vinification de près.

C'était une initiative audacieuse, mais qui porta ses fruits de manière inattendue pour Pierre. Bientôt, la ferme était animée d'activités alors que les touristes affluaient pour déguster les vins de Pierre, visiter les vignobles et apprendre le processus de vinification.

Parmi les visiteurs se trouvait une jeune femme nommée Sophie, une citadine passionnée par l'aventure. Elle était venue au vignoble sur un coup de tête, cherchant un répit du chaos de sa vie trépidante.

Dès qu'elle posa le pied sur le vignoble, Sophie ressentit un sentiment de paix l'envahir. L'air était rempli du doux parfum du raisin et du bourdonnement léger des abeilles, et le soleil chauffait doucement sa peau.

Sophie passa la journée à explorer le vignoble, admirant les rangées de vignes s'étendant devant elle comme des soldats debout au garde-à-vous. Elle observa Pierre s'occuper des raisins avec une intensité tranquille, ses mains endurcies par le temps bougeant avec une grâce née de nombreuses années d'expérience.

Alors que le soleil commençait à se coucher, Sophie se retrouva attirée aux côtés de Pierre, désireuse d'en apprendre davantage sur l'art de la vinification. Elle l'écouta attentivement alors qu'il expliquait les subtilités de la fermentation et du vieillissement, sa passion pour l'artisanat transparaissant dans chaque mot.

Et tandis que les étoiles commençaient à scintiller dans le ciel au-dessus, Pierre et Sophie s'assirent ensemble sur le porche de la ferme, sirotant du vin et partageant des histoires jusqu'au bout de la nuit.

Dans les jours qui suivirent, Pierre et Sophie se rapprochèrent, leur lien se renforçant à chaque instant. Ils travaillèrent côte à côte dans le vignoble, récoltant les raisins et embouteillant le vin, leur rire résonnant à travers les champs comme une musique.

Et tandis que les saisons changeaient et que le vignoble se transformait d'une mer de vert en un festival de rouge et d'or, l'amour de Pierre et Sophie fleurissait comme les raisins sur la vigne - riche, corsé et destiné à résister à l'épreuve du temps.

The Vineyard

In the heart of the French countryside, nestled among rolling hills and sprawling vineyards, there stood a rustic farmhouse surrounded by fields of golden wheat. This was the home of Pierre, a rugged and weathered man with a passion for winemaking.

Pierre had inherited the vineyard from his father, who had tended to the vines with care and dedication for generations. From a young age, Pierre had learned the art of winemaking, mastering the delicate balance of soil, sun, and grape.

Each morning, Pierre would rise before dawn and set out into the fields, his trusty dog by his side. He would tend to the vines with a practiced hand, pruning away dead branches and checking for signs of disease.

As the sun rose higher in the sky, Pierre would retreat to the cool shade of the farmhouse, where he would spend the rest of the day working tirelessly in the cellar, fermenting grapes and bottling wine.

It was a solitary life, but one that suited Pierre just fine. He enjoyed the quiet solitude of the countryside, the rhythm of the seasons, and the satisfaction of seeing his hard work pay off in the form of rich, flavorful wine.

But despite his love for the vineyard, Pierre couldn't shake the feeling of loneliness that gnawed at his heart. He longed for companionship, someone to share his passion and his life with.

And so, one day, Pierre made a decision. He would open his vineyard to visitors, inviting tourists from near and far to come and experience the beauty of the French countryside and the art of winemaking firsthand.

It was a bold move, but one that paid off in ways Pierre could never have imagined. Soon, the farmhouse was bustling with activity as tourists poured in to sample Pierre's wines, tour the vineyards, and learn about the winemaking process.

Among the visitors was a young woman named Sophie, a city girl with a passion for adventure. She had come to the vineyard on a whim, seeking solace from the chaos of her busy life.

From the moment she set foot on the vineyard, Sophie felt a sense of peace wash over her. The air was filled with the sweet scent of grapes and the gentle hum of bees, and the sun beat down warmly on her skin.

Sophie spent the day exploring the vineyard, marveling at the rows of vines stretching out before her like soldiers standing at attention. She watched as Pierre tended to the grapes with a quiet intensity, his weathered hands moving with a grace born of years of experience.

As the sun began to set, Sophie found herself drawn to Pierre's side, eager to learn more about the art of winemaking. She listened intently as he explained the intricacies of fermentation and aging, his passion for the craft evident in every word.

And as the stars began to twinkle in the sky above, Pierre and Sophie sat together on the porch of the farmhouse, sipping wine and sharing stories late into the night.

In the days that followed, Pierre and Sophie grew closer, their bond deepening with each passing moment. They worked side by side in the vineyard, harvesting grapes and bottling wine, their laughter echoing through the fields like music.

And as the seasons changed and the vineyard transformed from a sea of green to a riot of red and gold, Pierre and Sophie's love blossomed like the grapes on the vine – rich, full-bodied, and destined to stand the test of time.

Une journée dans la vie de Marie

C'était un matin calme dans la campagne française, et Marie était assise près de la fenêtre, regardant le soleil se lever sur les collines verdoyantes. Elle sirotait lentement son thé, savourant la chaleur qui se répandait dans son corps.

Marie vivait dans une petite maisonnette au bord du village, entourée de champs de lavande et de tournesols. C'était une vie simple, mais qui la remplissait d'un sentiment de paix et de contentement.

Alors que Marie terminait son thé, elle jeta un coup d'œil à l'horloge et réalisa qu'il était temps de commencer sa journée. Elle enfila son tablier et sortit dehors dans l'air matinal frais, respirant le parfum des fleurs fraîches et de l'herbe humide.

Sa première tâche de la journée était de s'occuper de son jardin, ce qu'elle fit avec soin et précision. Elle arrosa les fleurs, arracha les mauvaises herbes et tailla les buissons jusqu'à ce que son jardin brille de couleurs vives et de vie.

Ensuite, Marie se rendit au marché du village pour acheter des provisions pour la journée. Elle salua ses voisins d'un sourire et d'un signe de tête, appréciant le sentiment de communauté qui l'entourait.

Au marché, Marie choisit les fruits et légumes les plus frais, ainsi que quelques ingrédients spéciaux pour une nouvelle recette qu'elle était impatiente d'essayer. Elle discuta avec les vendeurs, échangeant des histoires et des recettes, avant de rentrer chez elle pour commencer son travail.

Dans sa cuisine confortable, Marie retroussa ses manches et se mit au travail pour préparer un délicieux repas pour sa famille. Elle coupa les légumes, remua les casseroles et assaisonna les plats avec une main experte, fredonnant doucement en travaillant.

Au fil de la journée, la maison de Marie se remplit de l'arôme réconfortant de la cuisine maison. Ses enfants rentrèrent de l'école, leur visage s'illuminant de joie en voyant le festin qui les attendait.

Ils s'assirent ensemble à table, partageant des histoires de leur journée tout en dégustant la délicieuse cuisine de Marie. C'était un repas simple, mais rempli d'amour et de rires - les ingrédients les plus authentiques de tous.

Après le dîner, Marie et sa famille se rassemblèrent autour de la cheminée, où ils passèrent la soirée à lire des livres, à jouer à des jeux et à partager des histoires. C'était un moment de chaleur et de convivialité, un moment où les soucis du monde semblaient s'effacer.

Alors que les étoiles scintillaient dans le ciel dehors, Marie borda ses enfants dans leur lit et les embrassa bonne nuit. Elle resta un moment, savourant la paix et le calme de la nuit, avant de se diriger vers son propre lit, où elle s'endormit avec un sourire content sur son visage.

Car Marie savait que même dans les vies les plus simples, il y avait de la beauté à trouver - dans le rire des enfants, la chaleur d'un repas cuisiné maison et l'amour de la famille. Et alors qu'elle fermait les yeux et s'endormait, elle était reconnaissante pour chaque instant de sa journée.

A Day in the Life of Marie

It was a quiet morning in the French countryside, and Marie sat by the window, watching as the sun rose over the rolling hills. She sipped her tea slowly, savoring the warmth that spread through her body.

Marie lived in a small cottage at the edge of the village, surrounded by fields of lavender and sunflowers. It was a simple life, but one that filled her with a sense of peace and contentment.

As Marie finished her tea, she glanced at the clock and realized that it was time to start her day. She donned her apron and stepped outside into the crisp morning air, breathing in the scent of fresh flowers and dewy grass.

Her first task of the day was to tend to her garden, which she did with care and precision. She watered the flowers, pulled weeds, and trimmed bushes until her garden glowed with vibrant colors and life.

Next, Marie headed to the village market to pick up supplies for the day. She greeted her neighbors with a smile and a nod, enjoying the sense of community that surrounded her.

At the market, Marie selected the freshest fruits and vegetables, as well as a few special ingredients for a new recipe she had been eager to try. She chatted with the vendors, exchanging stories and recipes, before heading back home to begin her work.

In her cozy kitchen, Marie rolled up her sleeves and got to work preparing a delicious meal for her family. She chopped vegetables, stirred pots, and seasoned dishes with a practiced hand, humming softly to herself as she worked.

As the day wore on, Marie's cottage filled with the comforting aroma of home-cooked food. Her children returned from school, their faces lighting up with delight as they caught sight of the feast that awaited them.

They sat down together at the table, sharing stories of their day as they enjoyed Marie's delicious cooking. It was a simple meal, but one filled with love and laughter – the truest ingredients of all.

After dinner, Marie and her family gathered around the fireplace, where they spent the evening reading books, playing games, and sharing stories. It was a time of warmth and togetherness, a time when the worries of the world seemed to fade away.

As the stars twinkled in the sky outside, Marie tucked her children into bed and kissed them goodnight. She lingered for a moment, savoring the peace and quiet of the night, before heading to her own bed, where she drifted off to sleep with a contented smile on her face.

For Marie knew that even in the simplest of lives, there was beauty to be found – in the laughter of children, the warmth of a home-cooked meal, and the love of family. And as she closed her eyes and drifted off to sleep, she felt grateful for each and every moment of her day.

Le Mystère de la Parfumerie de Madame Dupont

Au cœur de Paris, nichée entre les rues animées et les élégants boulevards, se trouvait une charmante petite parfumerie appartenant à Madame Dupont. Madame Dupont était une femme de mystère, avec une lueur dans les yeux et un sourire qui laissait deviner des secrets insondables.

Chaque matin, Madame Dupont ouvrait sa boutique et accueillait des clients venus de près ou de loin. Ses parfums étaient renommés dans toute la ville pour leurs senteurs exquises et leurs propriétés magiques.

Mais il y avait quelque chose de particulier dans les parfums de Madame Dupont - ils semblaient avoir un pouvoir qui leur était propre. Certains disaient qu'ils pouvaient vous faire tomber amoureux au premier effluve, tandis que d'autres affirmaient qu'ils pouvaient vous transporter vers des contrées lointaines avec juste une bouffée.

Un jour, une jeune fille nommée Sophie entra dans la boutique de Madame Dupont. Elle était captivée par l'éventail de bouteilles colorées et de potions chatoyantes qui garnissaient les étagères.

"Bienvenue, ma chère", dit Madame Dupont avec un sourire entendu. "Comment puis-je vous aider aujourd'hui ?"

Sophie hésita, ne sachant que dire. Elle avait entendu des rumeurs sur les parfums de Madame Dupont et les mystères qui les entouraient. Mais elle était attirée par la boutique comme un papillon vers une flamme, incapable de résister à l'attrait de ses secrets.

"Je cherche quelque chose de spécial", dit enfin Sophie. "Quelque chose pour m'aider à trouver ma véritable vocation dans la vie."

Madame Dupont acquiesça avec réflexion et conduisit Sophie à une petite table à l'arrière de la boutique. Là, niché parmi les bouteilles et les potions, se trouvait un seul flacon de parfum qui semblait briller d'une lumière surnaturelle.

"Ceci", dit doucement Madame Dupont, "est le parfum du destin. Il a le pouvoir de vous guider dans votre voyage et de vous aider à découvrir votre véritable chemin."

Les yeux de Sophie s'élargirent d'émerveillement. Elle n'avait jamais entendu parler d'une telle chose !

"Est-ce sûr ?" demanda-t-elle, sa voix tremblant d'excitation.

Madame Dupont sourit avec assurance. "Bien sûr, ma chère. Mais souvenez-vous, le destin n'est pas quelque chose à prendre à la légère. Cela demande du courage, de la détermination et une volonté de suivre votre cœur où qu'il vous mène."

Avec un sourire reconnaissant, Sophie accepta le flacon de parfum et s'élança hors de la boutique. Elle était impatiente de commencer son voyage et de percer les secrets de son destin.

Alors que Sophie errait dans les rues de Paris, elle ne pouvait se défaire de l'impression d'anticipation qui bouillonnait en elle. Elle savait que le parfum du destin détenait la clé de son avenir, et elle était déterminée à en percer les secrets, quoi qu'il en coûte.

Mais alors que Sophie commençait à se sentir découragée, elle découvrit un petit café niché dans un coin tranquille de la ville. Intriguée, elle poussa la porte et entra.

Le café était empli de l'arôme du café fraîchement infusé et des croissants chauds. À une table près de la fenêtre se trouvait un groupe de musiciens, leurs instruments brillant dans la lumière du soleil.

Le cœur de Sophie fit un bond en entendant la musique flotter dans l'air. C'était comme si les notes lui parlaient, lui chuchotant des secrets qu'elle seule pouvait comprendre.

Et puis, soudain, elle sut. Voilà sa véritable vocation dans la vie - créer de la musique qui toucherait les cœurs des autres et apporterait de la joie au monde.

Avec une clarté retrouvée, Sophie attrapa le flacon de parfum et en déposa une goutte sur son poignet. Instantanément, elle ressentit une vague d'énergie parcourir ses veines, la remplissant d'un sentiment de but et de détermination.

Dès ce jour, Sophie se consacra à sa musique, y mettant tout son cœur et son âme dans chaque note qu'elle jouait. Et en voyant les sourires sur les visages de son public, elle sut qu'elle avait enfin trouvé sa véritable voie dans la vie.

Pendant ce temps, dans la boutique de parfums de Madame Dupont, une silhouette mystérieuse observait depuis l'ombre. C'était Monsieur Leclerc, un parfumeur rival qui avait depuis longtemps convoité les secrets de Madame Dupont.

Avec un sourire rusé, Monsieur Leclerc jura de découvrir la vérité derrière les parfums de Madame Dupont - quoi qu'il en coûte.

Mais il ne savait pas que le vrai pouvoir des parfums de Madame Dupont ne résidait pas dans leurs ingrédients, mais dans les cœurs de ceux qui osaient croire en leur magie.

The Mystery of Madame Dupont's Perfume Shop

In the heart of Paris, nestled between the bustling streets and elegant boulevards, there stood a quaint little perfume shop owned by Madame Dupont. Madame Dupont was a woman of mystery, with a twinkle in her eye and a smile that hinted at untold secrets.

Every morning, Madame Dupont would open her shop and welcome customers from near and far. Her perfumes were renowned throughout the city for their exquisite scents and magical properties.

But there was something peculiar about Madame Dupont's perfumes – they seemed to have a power all their own. Some said they could make you fall in love at first scent, while others claimed they could transport you to far-off lands with just a whiff.

One day, a young girl named Sophie wandered into Madame Dupont's shop. She was captivated by the array of colorful bottles and shimmering potions that lined the shelves.

"Welcome, my dear," Madame Dupont said with a knowing smile. "How may I assist you today?"

Sophie hesitated, unsure of what to say. She had heard rumors about Madame Dupont's perfumes and the mysteries that surrounded them. But she was drawn to the shop like a moth to a flame, unable to resist the allure of its secrets.

"I'm looking for something special," Sophie said finally. "Something to help me find my true purpose in life."

Madame Dupont nodded thoughtfully and led Sophie to a small table at the back of the shop. There, nestled among the bottles and potions, was a single vial of perfume that seemed to glow with an otherworldly light.

"This," Madame Dupont said softly, "is the perfume of destiny. It has the power to guide you on your journey and help you discover your true path."

Sophie's eyes widened with wonder. She had never heard of such a thing! "Is it safe?" she asked, her voice trembling with excitement.

Madame Dupont smiled reassuringly. "Of course, my dear. But remember, destiny is not something to be taken lightly. It requires courage, determination, and a willingness to follow your heart wherever it may lead."

With a grateful smile, Sophie accepted the vial of perfume and dashed out of the shop. She couldn't wait to begin her journey and unlock the secrets of her destiny.

As Sophie wandered through the streets of Paris, she couldn't shake the feeling of anticipation that bubbled within her. She knew that the perfume of destiny held the key to her future, and she was determined to unlock its secrets no matter what.

But just as Sophie was starting to feel discouraged, she stumbled upon a small café tucked away in a quiet corner of the city. Intrigued, she pushed open the door and stepped inside.

The café was filled with the aroma of freshly brewed coffee and warm croissants. At a table near the window sat a group of musicians, their instruments gleaming in the sunlight.

Sophie's heart skipped a beat as she listened to the music floating through the air. It was as if the notes were speaking to her, whispering secrets that only she could understand.

And then, suddenly, she knew. This was her true purpose in life – to create music that would touch the hearts of others and bring joy to the world.

With newfound clarity, Sophie reached for the vial of perfume and dabbed a drop on her wrist. Instantly, she felt a surge of energy course through her veins, filling her with a sense of purpose and determination.

From that day forward, Sophie dedicated herself to her music, pouring her heart and soul into every note she played. And as she watched the smiles on her audience's faces, she knew that she had finally found her true path in life.

Meanwhile, back at Madame Dupont's perfume shop, a mysterious figure watched from the shadows. It was Monsieur Leclerc, a rival perfumer who had long coveted Madame Dupont's secrets.

With a cunning smile, Monsieur Leclerc vowed to uncover the truth behind Madame Dupont's perfumes – no matter what it took.

But little did he know, the true power of Madame Dupont's perfumes lay not in their ingredients, but in the hearts of those who dared to believe in their magic.

Les Aventures de Pierre et le Croissant Enchanté

Il était une fois, dans un charmant village niché au cœur de la France, vivait un jeune garçon nommé Pierre. Pierre n'était pas comme les autres garçons - il avait une lueur dans les yeux et un sourire espiègle qui semblait toujours lui attirer des ennuis.

Un matin ensoleillé, alors que Pierre sautillait dans les rues pavées, il aperçut une petite boulangerie avec une enseigne qui disait : "Les Pâtisseries Magiques de Madame Fleur". Intrigué, Pierre poussa la porte et entra.

La boulangerie était remplie de l'arôme du pain fraîchement cuit et des pâtisseries sucrées. Derrière le comptoir se tenait Madame Fleur, une gentille vieille dame avec une lueur dans les yeux. Elle salua Pierre avec un sourire chaleureux et lui demanda ce qu'il désirait.

"Je cherche quelque chose de spécial," dit Pierre, ses yeux se promenant dans la pièce.

Madame Fleur hocha la tête avec compréhension et sortit quelque chose de sous le comptoir. Elle sortit un croissant doré qui scintillait dans la lumière du soleil qui traversait la fenêtre.

"Celui-ci," dit-elle, "n'est pas un croissant ordinaire. Il est enchanté."

Les yeux de Pierre s'élargirent d'excitation. Il n'avait jamais entendu parler d'une telle chose !

"Que fait-il ?" demanda-t-il avec empressement.

Madame Fleur se pencha et chuchota : "La légende dit que celui qui mange ce croissant se verra accorder un vœu."

Le cœur de Pierre battait la chamade d'anticipation. Il savait exactement ce qu'il voulait souhaiter - l'aventure !

Avec un sourire reconnaissant, Pierre prit le croissant enchanté et se précipita hors de la boulangerie. Il traversa le village en courant, son imagination débordante de possibilités. Et lorsqu'il prit une grosse bouchée du croissant, il ferma les yeux et fit son vœu.

Soudain, Pierre ressentit une sensation étrange l'envahir. Il ouvrit les yeux pour se retrouver debout au cœur d'une forêt dense, entouré d'arbres immenses et d'oiseaux qui pépiaient.

Pierre n'en croyait pas ses yeux. Il avait été transporté dans un pays magique rempli de merveilles et de mystères. Avec excitation, il se lança dans son aventure, impatient d'explorer chaque coin de ce monde enchanteur.

Alors que Pierre s'enfonçait plus profondément dans la forêt, il rencontra toutes sortes de créatures fantastiques - des animaux parlants aux lutins amicaux. Ils l'accueillirent à bras ouverts, désireux de lui montrer leur monde.

Mais juste au moment où Pierre commençait à se sentir chez lui, il entendit un rugissement retentissant résonner à travers les arbres. Il suivit le son jusqu'à arriver dans une clairière, où il vit un dragon redoutable aux écailles aussi noires que la nuit.

Le dragon se débattait, sa queue fouettant l'air. Pierre savait qu'il devait faire quelque chose pour aider. Rassemblant tout son courage, il s'approcha du dragon et lui offrit le croissant enchanté.

À la grande surprise de Pierre, les yeux du dragon s'adoucirent lorsqu'il renifla le croissant. Avec un rugissement reconnaissant, il dévora la pâtisserie d'un seul coup.

Et alors, quelque chose d'incroyable se produisit. Le dragon commença à rétrécir et à changer devant les yeux de Pierre. Ses écailles passèrent du noir à un or étincelant, et ses ailes devinrent plus petites et plus douces.

À la place du dragon redoutable se tenait une belle princesse, les yeux pétillants de gratitude. Elle remercia Pierre pour sa bravoure et expliqua qu'elle avait été maudite par un sorcier maléfique de vivre comme un dragon jusqu'à ce que quelqu'un lui offre un acte de gentillesse.

Pierre sourit, réalisant que son souhait d'aventure l'avait conduit à la plus grande aventure de toutes - aider les autres.

Avec la princesse à ses côtés, Pierre retourna au village, où il fut acclamé comme un héros. Et bien que son aventure ait pris fin, Pierre savait qu'il y aurait toujours plus d'aventures qui l'attendaient juste au coin de la rue. Car dans un monde rempli de magie et de merveilles, tout était possible - surtout pour un garçon avec une lueur dans les yeux et un cœur rempli de courage.

The Adventures of Pierre and the Enchanted Croissant

Once upon a time, in a quaint village nestled in the heart of France, there lived a young boy named Pierre. Pierre was not like other boys – he had a twinkle in his eye and a mischievous grin that always seemed to get him into trouble.

One sunny morning, as Pierre skipped through the cobblestone streets, he spotted a little bakery with a sign that read: "Madame Fleur's Magical Pastries." Intrigued, Pierre pushed open the door and stepped inside.

The bakery was filled with the aroma of freshly baked bread and sweet pastries. Behind the counter stood Madame Fleur, a kind old woman with a twinkle in her eye. She greeted Pierre with a warm smile and asked him what he desired.

"I'm looking for something special," Pierre said, his eyes darting around the room.

Madame Fleur nodded knowingly and reached under the counter. She pulled out a golden croissant that shimmered in the sunlight streaming through the window.

"This," she said, "is no ordinary croissant. It is enchanted."

Pierre's eyes widened with excitement. He had never heard of such a thing!

"What does it do?" he asked eagerly.

Madame Fleur leaned in close and whispered, "Legend has it that whoever eats this croissant will be granted one wish."

Pierre's heart raced with anticipation. He knew exactly what he wanted to wish for – adventure!

With a grateful smile, Pierre took the enchanted croissant and dashed out of the bakery. He raced through the village, his imagination running wild with possibilities. And as he took a big bite of the croissant, he closed his eyes and made his wish.

Suddenly, Pierre felt a strange sensation wash over him. He opened his eyes to find himself standing in the heart of a dense forest, surrounded by towering trees and chirping birds.

Pierre couldn't believe his eyes. He had been transported to a magical land filled with wonder and mystery. Excitedly, he set off on his adventure, eager to explore every corner of this enchanting world.

As Pierre journeyed deeper into the forest, he encountered all sorts of fantastical creatures – from talking animals to friendly sprites. They welcomed him with open arms, eager to show him their world.

But just as Pierre was starting to feel at home, he heard a loud roar echoing through the trees. He followed the sound until he came upon a clearing, where he saw a fearsome dragon with scales as black as night.

The dragon was thrashing about, its tail whipping through the air. Pierre knew he had to do something to help. Drawing on all his courage, he approached the dragon and offered it the enchanted croissant.

To Pierre's surprise, the dragon's eyes softened as it sniffed the croissant. With a grateful roar, it devoured the pastry in one gulp.

And then, something incredible happened. The dragon began to shrink and change before Pierre's eyes. Its scales turned from black to a shimmering gold, and its wings grew smaller and softer.

In place of the fearsome dragon stood a beautiful princess, her eyes sparkling with gratitude. She thanked Pierre for his bravery and explained that she had been cursed by an evil sorcerer to live as a dragon until someone offered her an act of kindness.

Pierre smiled, realizing that his wish for adventure had led him to the greatest adventure of all – helping others.

With the princess by his side, Pierre journeyed back to the village, where he was hailed as a hero. And though his adventure had come to an end, Pierre knew that there would always be more adventures waiting just around the corner.

For in a world filled with magic and wonder, anything was possible –
especially for a boy with a twinkle in his eye and a heart full of courage.

29

La Rêveuse de Paris

Il était une fois, dans la charmante ville de Paris, vivait une jeune fille nommée Amélie. Elle avait de grands rêves qui dansaient dans son cœur comme des papillons colorés. Chaque jour, elle se promenait le long des rues pavées, émerveillée par la beauté de la Tour Eiffel, le majestueux Louvre et les marchés animés.

Les journées d'Amélie étaient remplies de joies simples. Elle aimait regarder les artistes peindre à Montmartre, leurs pinceaux tourbillonnant comme des baguettes magiques. Elle s'asseyait près de la Seine, écoutant les mélodies des musiciens de rue, leur musique l'emportant vers des contrées lointaines.

Mais au milieu de l'enchantement de Paris, Amélie aspirait à quelque chose de plus. Elle rêvait de devenir écrivaine, de capturer la beauté du monde avec ses mots. Alors, chaque nuit, elle s'asseyait à son petit bureau, stylo en main, et versait son cœur sur le papier.

Un soir, alors que le soleil se couchait à l'horizon, Amélie reçut une lettre. C'était une invitation à un concours d'écriture, organisé à la prestigieuse Université de la Sorbonne. Son cœur battait la chamade d'excitation alors qu'elle lisait les mots. C'était sa chance de réaliser ses rêves.

Avec une nouvelle détermination, Amélie entreprit un voyage de découverte de soi. Elle plongea dans les profondeurs de son âme, explorant les histoires qui y étaient cachées. À travers rires et larmes, elle versa ses expériences sur la page, les tissant en des récits de courage, d'amour et d'aventure.

Au fil des jours, la confiance d'Amélie grandit. Elle ne craignait plus la page blanche, mais l'embrassait comme un canevas pour son imagination. À chaque mot qu'elle écrivait, elle ressentait un sentiment de libération, comme si elle se libérait des contraintes de la réalité.

Enfin, le jour du concours arriva. Amélie se tint devant un jury, son cœur battant d'anticipation. Elle lut ses histoires à haute voix, sa voix tremblant d'émotion. Et quand elle eut fini, il y eut un silence.

Mais alors, un par un, les juges commencèrent à applaudir. Ils louèrent Amélie pour son talent, sa passion, son courage. Et en cet instant, elle sut qu'elle avait trouvé sa place dans le monde.

À partir de ce jour-là, la vie d'Amélie changea à jamais. Elle devint une auteure célèbre, enchantant les lecteurs du monde entier avec ses récits sur le charme et l'intrigue parisiens. Et alors qu'elle contemplait les lumières scintillantes de la ville, elle savait qu'elle vivait son rêve.

Car Amélie avait découvert la véritable magie de Paris - non pas dans ses monuments ou ses repères, mais dans les rêves qui dansaient dans le cœur de ses habitants. Et elle jura de ne jamais cesser de poursuivre ses rêves, car ils étaient l'expression la plus vraie de son âme.

The Dreamer of Paris

Once upon a time, in the charming city of Paris, there lived a young girl named Amélie. She had big dreams that danced in her heart like colorful butterflies. Every day, she would walk along the cobblestone streets, marveling at the beauty of the Eiffel Tower, the majestic Louvre, and the bustling markets.

Amélie's days were filled with simple joys. She loved to watch the artists painting in Montmartre, their brushes swirling like magic wands. She would sit by the Seine river, listening to the melodies of street musicians, their music carrying her away to far-off lands.

But amidst the enchantment of Paris, Amélie longed for something more. She dreamed of becoming a writer, of capturing the beauty of the world with her words. So, every night, she would sit at her tiny desk, pen in hand, and pour her heart onto paper.

One evening, as the sun dipped below the horizon, Amélie received a letter. It was an invitation to a writing competition, held at the prestigious Sorbonne University. Her heart fluttered with excitement as she read the words. This was her chance to make her dreams come true.

With newfound determination, Amélie embarked on a journey of self-discovery. She delved into the depths of her soul, exploring the stories that lay hidden within. Through laughter and tears, she poured her experiences onto the page, weaving them into tales of courage, love, and adventure.

As the days passed, Amélie's confidence grew. She no longer feared the blank page, but instead embraced it as a canvas for her imagination. With each word she wrote, she felt a sense of liberation, as if she were setting herself free from the constraints of reality.

Finally, the day of the competition arrived. Amélie stood before a panel of judges, her heart pounding with anticipation. She read her stories aloud, her voice trembling with emotion. And when she finished, there was silence.

But then, one by one, the judges began to applaud. They praised Amélie for her talent, her passion, her bravery. And in that moment, she knew that she had found her place in the world.

From that day forward, Amélie's life was forever changed. She became a celebrated author, enchanting readers around the world with her tales of Parisian charm and intrigue. And as she looked out at the twinkling lights of the city, she knew that she was living her dream.

For Amélie had discovered the true magic of Paris – not in its monuments or landmarks, but in the dreams that danced in the hearts of its people. And she vowed to never stop chasing her dreams, for they were the truest expression of her soul.

Le Magnifique Pâtissier

Dans la pittoresque ville de Montagnac, nichée au creux des collines de la campagne française, vivait un pâtissier nommé Monsieur Gaston. Il n'était pas un simple boulanger, car Monsieur Gaston possédait un talent pour créer les pâtisseries les plus extraordinaires que les habitants du village aient jamais goûtées.

La boulangerie de Monsieur Gaston, "Le Petit Délice", était un spectacle à voir, avec ses fenêtres ornées de rangées de macarons colorés et ses étagères pleines d'éclairs délicats et de croissants feuilletés. Mais c'était la pièce de résistance de Monsieur Gaston, sa pièce montée, qui le distinguait vraiment des autres.

La pièce montée était une construction imposante de choux à la crème et de sucre filé, ornée de fleurs comestibles et de délicat glaçage, qui semblait défier la gravité elle-même. C'était le point central de chaque célébration à Montagnac, des mariages aux anniversaires en passant par les baptêmes, et il ne manquait jamais de laisser les invités émerveillés devant l'habileté et l'art de Monsieur Gaston.

Mais Monsieur Gaston n'était pas satisfait de se reposer sur ses lauriers. Il était toujours à la recherche de nouvelles saveurs et techniques à incorporer dans ses créations, repoussant constamment les limites de ce qui était possible dans le monde de la pâtisserie.

Un jour, alors que Monsieur Gaston expérimentait une nouvelle recette de soufflés aux framboises, il reçut la visite d'un étranger mystérieux. L'homme était grand et mince, avec une lueur dans les yeux et un sourire espiègle qui semblait laisser entrevoir des profondeurs cachées.

"Bonjour, Monsieur Gaston," dit l'étranger, sa voix douce comme de la soie. "J'ai entendu parler de vos magnifiques pâtisseries, et je suis venu voir si elles sont à la hauteur du battage médiatique."

Monsieur Gaston leva un sourcil, intrigué par l'audace de l'étranger.

"Eh bien, monsieur," dit-il avec un sourire. "Vous devrez les goûter vous-même pour le découvrir."

Et sur ces mots, Monsieur Gaston se mit à préparer une sélection de ses meilleures pâtisseries, chacune plus délicieuse que la précédente. L'étranger les dégusta avec délice, ses yeux s'élargissant de plaisir à chaque bouchée.

"Vraiment remarquable," dit-il, en essuyant les miettes de ses lèvres. "Mais j'ai une proposition pour vous, Monsieur Gaston. Je suis le propriétaire d'une prestigieuse pâtisserie à Paris, et je voudrais vous offrir un poste de chef pâtissier."

Le cœur de Monsieur Gaston fit un bond à ces paroles. Se voir offrir un poste aussi prestigieux était un rêve devenu réalité, et il savait qu'il ne pouvait pas refuser.

"Merci, monsieur," dit-il, sa voix emplie de gratitude. "Je serais honoré d'accepter votre offre."

Et ainsi, Monsieur Gaston fit ses adieux à Montagnac et partit pour Paris, laissant derrière lui sa boulangerie bien-aimée et tous les souvenirs qu'elle contenait. Mais il savait qu'il se lançait dans une nouvelle aventure, une aventure qui le conduirait vers de nouveaux sommets d'excellence culinaire.

À Paris, Monsieur Gaston se fit rapidement un nom en tant que meilleur chef pâtissier de la ville. Ses créations faisaient parler d'elles, attirant des foules venues de loin pour déguster ses pâtisseries exquises et ses desserts décadents.

Mais malgré son succès nouvellement acquis, Monsieur Gaston n'oublia jamais ses racines à Montagnac. Il revenait souvent dans la ville pour rendre visite à ses vieux amis et se remémorer les jours passés dans sa modeste boulangerie.

Et bien qu'il soit passé à autre chose pour des choses plus grandes et meilleures, Monsieur Gaston savait que son cœur appartiendrait toujours à Montagnac et aux joies simples de la pâtisserie qui avaient façonné son destin. Car, à la fin, ce n'était ni la gloire ni la fortune qui le définissaient, mais l'amour et la passion qu'il mettait dans chaque pâtisserie qu'il faisait.

37

The Magnificent Pâtissier

In the picturesque town of Montagnac, nestled in the rolling hills of the French countryside, there lived a pâtissier named Monsieur Gaston. He was no ordinary baker, for Monsieur Gaston possessed a talent for creating the most extraordinary pastries that the townsfolk had ever tasted.

Monsieur Gaston's bakery, "Le Petit Délice," was a sight to behold, with its windows adorned with rows of colorful macarons and shelves piled high with delicate éclairs and flaky croissants. But it was Monsieur Gaston's pièce de résistance, his pièce montée, that truly set him apart from the rest.

The pièce montée was a towering confection of cream puffs and spun sugar, adorned with edible flowers and delicate icing, that seemed to defy gravity itself. It was the centerpiece of every celebration in Montagnac, from weddings to birthdays to anniversaries, and it never failed to leave the guests in awe of Monsieur Gaston's skill and artistry.

But Monsieur Gaston was not content to rest on his laurels. He was always searching for new flavors and techniques to incorporate into his creations, constantly pushing the boundaries of what was possible in the world of pastry-making.

One day, as Monsieur Gaston was experimenting with a new recipe for raspberry soufflés, he received a visit from a mysterious stranger. The man was tall and slender, with a twinkle in his eye and a mischievous smile that seemed to hint at hidden depths.

"Bonjour, Monsieur Gaston," the stranger said, his voice smooth as silk. "I have heard tales of your magnificent pastries, and I have come to see if they live up to the hype."

Monsieur Gaston raised an eyebrow, intrigued by the stranger's boldness.

"Well, monsieur," he said with a smile. "You will have to taste them for yourself to find out."

And with that, Monsieur Gaston set about preparing a selection of his finest pastries, each one more delicious than the last. The stranger sampled them with relish, his eyes widening in delight with each bite.

"Truly remarkable," he said, wiping the crumbs from his lips. "But I have a proposition for you, Monsieur Gaston. I am the owner of a prestigious patisserie in Paris, and I would like to offer you a position as my head pastry chef."

Monsieur Gaston's heart skipped a beat at the stranger's words. To be offered such a prestigious position was a dream come true, and he knew that he could not refuse.

"Merci, monsieur," he said, his voice filled with gratitude. "I would be honored to accept your offer."

And so, Monsieur Gaston bid farewell to Montagnac and set off for Paris, leaving behind his beloved bakery and all the memories it held. But he knew that he was embarking on a new adventure, one that would take him to new heights of culinary excellence.

In Paris, Monsieur Gaston quickly made a name for himself as the finest pastry chef in the city. His creations were the talk of the town, drawing crowds from far and wide to sample his exquisite pastries and decadent desserts.

But despite his newfound success, Monsieur Gaston never forgot his roots in Montagnac. He would often return to the town to visit old friends and reminisce about the days spent in his humble bakery.

And though he may have moved on to bigger and better things, Monsieur Gaston knew that his heart would always belong to Montagnac and the simple joys of baking that had shaped his destiny. For in the end, it was not fame or fortune that defined him, but the love and passion he poured into every pastry he made.

Les Chroniques du Café

Au cœur de Paris, parmi les rues animées et les avenues bondées, se dressait un café pittoresque connu sous le nom de "Le Petit Bistro". C'était un endroit où le temps semblait s'arrêter, où l'arôme du café fraîchement infusé se mêlait aux conversations des clients, et où le monde extérieur perdait de son importance.

Chaque matin, lorsque les premiers rayons de soleil filtraient à travers les fenêtres, on pouvait trouver Monsieur Dupont assis à sa table habituelle près du fond du café. C'était un homme de routine, son rituel quotidien consistant en une tasse forte de café noir et un croissant beurré, qu'il savourait avec la minutie d'un homme à peine à la moitié de son âge.

Monsieur Dupont était un être de habitudes, mais il était aussi un observateur attentif du monde qui l'entourait. De son poste d'observation au café, il regardait le va-et-vient de la vie se dérouler sous ses yeux, capturant les moindres détails de l'existence humaine avec l'œil aiguisé d'un journaliste chevronné.

Un jour, alors que Monsieur Dupont sirotait son café et prenait des notes dans son carnet fatigué, il surprit une conversation entre deux jeunes amoureux à la table à côté de lui. Ils parlaient de rêves et d'aspirations, d'espoirs et de peurs, leurs voix remplies de l'innocence de la jeunesse et de la promesse de lendemains meilleurs.

Intrigué, Monsieur Dupont écouta attentivement alors que le jeune couple partageait leurs projets de voyager dans le monde entier et de découvrir tout ce qu'il avait à offrir. Leurs paroles éveillèrent quelque chose en lui, réveillant un désir depuis longtemps oublié de s'affranchir des contraintes de la routine et de se lancer dans une aventure.

Ce soir-là, alors que le soleil se couchait à l'horizon et que les rues de Paris étaient baignées d'une douce lueur crépusculaire, Monsieur Dupont prit une décision. Il abandonnerait les conforts familiers du Petit Bistro et partirait dans l'inconnu, à la recherche de la vie dont il avait toujours rêvé mais qu'il n'avait jamais osé poursuivre.

Avec un sentiment d'excitation parcourant ses veines, Monsieur Dupont prépara un petit sac avec quelques essentiels et se mit en route dans la nuit. Il erra dans les rues sinueuses de Paris, son cœur battant d'anticipation alors qu'il admirait les paysages et les sons de la ville qu'il avait appelée chez lui pendant tant d'années.

En marchant, Monsieur Dupont pensa aux jeunes amoureux qu'il avait entendus plus tôt dans la journée, leurs paroles résonnant dans son esprit comme un mantra. Il réalisa que la vie était trop courte pour être passée dans les limites de la routine, que le véritable épanouissement ne pouvait être trouvé qu'en sortant de sa zone de confort et en embrassant l'inconnu.

Et ainsi, avec un sentiment renouvelé de détermination, Monsieur Dupont monta à bord d'un train en direction du sud de la France, sa destination inconnue mais son esprit rempli d'espoir et de possibilités.

Le voyage fut long et difficile, mais Monsieur Dupont continua, animé par la promesse d'aventure qui l'attendait. En chemin, il rencontra d'autres voyageurs venant de tous horizons, chacun avec ses propres histoires à raconter et ses propres rêves à poursuivre.

Ensemble, ils traversèrent la campagne pittoresque de Provence, avec ses collines ondoyantes et ses vignobles verdoyants, et explorèrent les villages pittoresques et les marchés animés qui parsemaient le paysage.

Mais c'est dans un petit village niché au pied des Alpes que Monsieur Dupont trouva enfin ce qu'il cherchait : un sentiment de paix et de contentement qu'il n'avait jamais connu auparavant.

Dans le village, il rencontra un sage vieil homme nommé Pierre, qui avait passé sa vie à cultiver la terre et à nourrir les fruits de la terre. Pierre accueillit Monsieur Dupont à bras ouverts, partageant des histoires d'un mode de vie plus simple et lui enseignant l'art de vivre en harmonie avec la nature.

Sous la guidance de Pierre, Monsieur Dupont apprit à cultiver la terre, à s'occuper des récoltes et à apprécier la beauté du monde qui l'entourait. Il trouva du réconfort dans le rythme des saisons, dans le changement des feuilles et l'éclosion des fleurs, et découvrit un sens du but qui lui avait échappé pendant si longtemps.

Au fil des années, Monsieur Dupont apprit à aimer le village et ses habitants, devenant un membre apprécié de la communauté et partageant sa sagesse et son expérience avec ceux qui cherchaient son aide.

Et bien qu'il ne soit jamais retourné au Petit Bistro ni aux rues animées de Paris, Monsieur Dupont trouva un chez-soi dans la tranquillité paisible de la campagne, entouré par la beauté de la nature et la chaleur de l'amitié.

The Café Chronicles

In the heart of Paris, amidst the bustling streets and crowded avenues, there stood a quaint café known as Le Petit Bistro. It was a place where time seemed to stand still, where the aroma of freshly brewed coffee mingled with the chatter of patrons, and where the world outside faded into insignificance.

Every morning, as the first rays of sunlight filtered through the windows, Monsieur Dupont could be found sitting at his usual table near the back of the café. He was a man of routine, his daily ritual consisting of a strong cup of black coffee and a buttery croissant, which he savored with the meticulousness of a man half his age.

Monsieur Dupont was a creature of habit, but he was also a keen observer of the world around him. From his vantage point in the café, he watched as the ebb and flow of life unfolded before his eyes, capturing the minutiae of human existence with the keen eye of a seasoned journalist.

One day, as Monsieur Dupont sat sipping his coffee and jotting down notes in his tattered notebook, he overheard a conversation between two young lovers at the table beside him. They spoke of dreams and aspirations, of hopes and fears, their voices filled with the innocence of youth and the promise of tomorrow.

Intrigued, Monsieur Dupont listened intently as the young couple shared their plans to travel the world and see all that it had to offer. Their words stirred something within him, awakening a long-forgotten desire to break free from the confines of routine and embark on an adventure of his own.

That evening, as the sun dipped below the horizon and the streets of Paris were bathed in the soft glow of twilight, Monsieur Dupont made a decision. He would leave behind the familiar comforts of Le Petit Bistro and set out into the unknown, in search of the life he had always dreamed of but never dared to pursue.

With a sense of excitement coursing through his veins, Monsieur Dupont packed a small bag with a few essentials and set off into the night. He wandered through the winding streets of Paris, his heart pounding with anticipation as he took in the sights and sounds of the city he had called home for so many years.

As he walked, Monsieur Dupont thought of the young lovers he had overheard earlier that day, their words echoing in his mind like a mantra. He realized that life was too short to be spent in the confines of routine, that true fulfillment could only be found by stepping outside of one's comfort zone and embracing the unknown.

And so, with a renewed sense of purpose, Monsieur Dupont boarded a train bound for the south of France, his destination unknown but his spirit filled with hope and possibility.

The journey was long and arduous, but Monsieur Dupont pressed on, fueled by the promise of adventure that lay ahead. Along the way, he met fellow travelers from all walks of life, each with their own stories to tell and their own dreams to pursue.

Together, they traversed the picturesque countryside of Provence, with its rolling hills and verdant vineyards, and explored the quaint villages and bustling markets that dotted the landscape.

But it was in a small village nestled in the foothills of the Alps that Monsieur Dupont finally found what he had been searching for—a sense of peace and contentment that he had never known before.

In the village, he met a wise old man named Pierre, who had spent his life tending to the land and nurturing the fruits of the earth. Pierre welcomed Monsieur Dupont with open arms, sharing stories of a simpler way of life and teaching him the art of living in harmony with nature.

Under Pierre's guidance, Monsieur Dupont learned to cultivate the land, to tend to the crops, and to appreciate the beauty of the world around him. He found solace in the rhythm of the seasons, in the changing of the leaves and the blooming of the flowers, and he discovered a sense of purpose that had eluded him for so long.

As the years passed, Monsieur Dupont grew to love the village and its inhabitants, becoming a beloved member of the community and sharing his wisdom and experience with those who sought his guidance.

And though he never returned to Le Petit Bistro or the bustling streets of Paris, Monsieur Dupont found a home in the quiet tranquility of the countryside, surrounded by the beauty of nature and the warmth of friendship.

Les Aventures de Monsieur Marcel

Dans le charmant village de Saint-Martin, niché au milieu des collines vallonnées de la campagne française, vivait un homme nommé Monsieur Marcel. C'était un personnage assez particulier, avec un éclat dans les yeux et un ressort dans sa démarche qui ne semblait jamais s'estomper.

Monsieur Marcel était connu dans tout le village pour son amour de l'aventure et sa curiosité insatiable. Chaque jour, il partait sur son fidèle vélo, son compagnon de confiance, et explorait les routes de campagne sinueuses et les sentiers cachés qui quadrillaient le paysage.

Un matin ensoleillé, alors que Monsieur Marcel pédalait le long d'un étroit chemin de terre, il tomba sur une vision singulière : une petite caravane aux couleurs vives nichée dans une clairière de la forêt. Elle était ornée de motifs tourbillonnants et de guirlandes colorées, lui donnant l'apparence d'un cirque ambulant.

Intrigué, Monsieur Marcel descendit de son vélo et s'approcha de la caravane avec une curiosité prudente. En s'approchant, il put entendre le son des rires et de la musique émanant de l'intérieur.

Avec un sentiment d'excitation bouillonnant dans sa poitrine, Monsieur Marcel poussa la porte et entra. L'intérieur de la caravane était un tourbillon de couleurs et de mouvement, rempli de jongleurs, d'acrobates et de clowns pratiquant leurs tours.

Au centre de tout cela se tenait un homme avec un chapeau à large bord et un sourire espiègle. Il se présenta comme Monsieur Pierre, le maître de cérémonie du cirque ambulant.

"Bienvenue, bienvenue !" s'exclama-t-il, sa voix résonnant d'enthousiasme. "Tu dois être Monsieur Marcel, le célèbre aventurier de Saint-Martin !"

Monsieur Marcel sourit de toutes ses dents, ses yeux pétillant de joie. Il avait toujours rêvé de rejoindre le cirque, de voyager dans le monde entier et de découvrir de nouvelles merveilles à chaque tournant.

"Viens, rejoins-nous !" dit Monsieur Pierre, désignant un endroit vide à côté de lui. "Nous pourrions bien utiliser quelqu'un avec ton esprit d'aventure."

Monsieur Marcel n'avait pas besoin de plus d'encouragements. Il jeta la prudence au vent et se lança dans le tourbillon du monde du cirque avec tout le plaisir d'un enfant le matin de Noël.

Aux côtés de Monsieur Pierre et du reste de la troupe du cirque, Monsieur Marcel parcourut les routes et les sentiers, ravissant les spectateurs avec ses prouesses audacieuses et son enthousiasme débordant. Il marchait sur des cordes raides, apprivoisait des lions, et apprit même à jongler avec des torches enflammées, un exploit qui lui valut le surnom de "L'Intrépide Jongleur de Feu" parmi les habitants de Saint-Martin.

Mais malgré sa nouvelle renommée et sa fortune, Monsieur Marcel n'oublia jamais ses racines. Il revenait souvent au village, régalant les villageois de récits de ses aventures et partageant les leçons qu'il avait apprises en cours de route.

Un jour, alors que Monsieur Marcel était assis sur la place du village, sirotant du café à son café préféré, il fut approché par une jeune fille aux yeux grands et curieux.

"Es-tu Monsieur Marcel, le célèbre aventurier ?" demanda-t-elle, sa voix emplie d'admiration.

Monsieur Marcel sourit chaleureusement et hocha la tête. "En effet, ma chère. Et qui es-tu ?"

La jeune fille se présenta comme Amélie, une exploratrice en herbe avec des rêves plein la tête. Elle avait entendu parler des aventures de Monsieur Marcel et avait longtemps désiré le rencontrer en personne.

Monsieur Marcel fut touché par l'enthousiasme de la jeune fille et lui offrit de partager un peu de sa sagesse. Ils passèrent l'après-midi ensemble, se promenant dans le village et partageant des histoires de leurs aventures préférées.

Alors que le soleil commençait à se coucher, projetant une lueur chaude et dorée sur la place du village, Monsieur Marcel se tourna vers Amélie avec un éclat dans les yeux.

"Souviens-toi, ma chère," dit-il, sa voix emplie de chaleur. "Les plus grandes aventures sont celles que nous entreprenons avec un cœur ouvert et un esprit curieux. Ne cesse jamais d'explorer, ne cesse jamais de rêver, et n'oublie jamais la magie qui réside en toi."

Et tandis qu'ils regardaient les étoiles scintiller dans le ciel nocturne, Monsieur Marcel ressentit un sentiment de joie et d'accomplissement l'envahir. Car il savait que, où que la vie le mène, il sera toujours un aventurier dans l'âme — un véritable explorateur du monde et de toutes ses merveilles.

The Adventures of Monsieur Marcel

In the charming village of Saint-Martin, nestled amidst the rolling hills of the French countryside, there lived a man named Monsieur Marcel. He was a rather peculiar fellow, with a twinkle in his eye and a spring in his step that never seemed to fade.

Monsieur Marcel was known throughout the village for his love of adventure and his insatiable curiosity. Every day, he would set out on his trusty bicycle, his faithful companion, and explore the winding country roads and hidden pathways that crisscrossed the landscape.

One sunny morning, as Monsieur Marcel pedaled along a narrow dirt path, he stumbled upon a peculiar sight—a small, brightly colored caravan nestled in a clearing in the woods. It was adorned with swirling patterns and adorned with strings of colorful bunting, giving it the appearance of a traveling circus.

Intrigued, Monsieur Marcel dismounted his bicycle and approached the caravan with cautious curiosity. As he drew closer, he could hear the sound of laughter and music emanating from within.

With a sense of excitement bubbling in his chest, Monsieur Marcel pushed open the door and stepped inside. The interior of the caravan was a riot of color and movement, filled with jugglers, acrobats, and clowns practicing their tricks.

At the center of it all stood a man with a wide-brimmed hat and a mischievous grin. He introduced himself as Monsieur Pierre, the ringmaster of the traveling circus.

"Welcome, welcome!" he exclaimed, his voice booming with enthusiasm. "You must be Monsieur Marcel, the famous adventurer of Saint-Martin!"

Monsieur Marcel grinned from ear to ear, his eyes sparkling with delight. He had always dreamed of joining the circus, of traveling the world and experiencing new wonders at every turn.

"Come, join us!" Monsieur Pierre said, gesturing to a vacant spot beside him. "We could use someone with your spirit of adventure."

Monsieur Marcel needed no further encouragement. He threw caution to the wind and threw himself into the whirlwind world of the circus with all the gusto of a child on Christmas morning.

Together with Monsieur Pierre and the rest of the circus troupe, Monsieur Marcel traveled far and wide, delighting audiences with his daring feats and boundless enthusiasm. He walked tightropes, tamed lions, and even learned to juggle with flaming torches—a feat that earned him the nickname "The Fearless Fire-Juggler" among the villagers of Saint-Martin.

But despite his newfound fame and fortune, Monsieur Marcel never forgot his roots. He would often return to the village, regaling the villagers with tales of his adventures and sharing the lessons he had learned along the way.

One day, as Monsieur Marcel sat in the village square, sipping coffee at his favorite café, he was approached by a young girl with wide, curious eyes.

"Are you Monsieur Marcel, the famous adventurer?" she asked, her voice filled with awe.

Monsieur Marcel smiled warmly and nodded. "Indeed I am, my dear. And who might you be?"

The young girl introduced herself as Amélie, a budding explorer with dreams of her own. She had heard stories of Monsieur Marcel's adventures and had longed to meet him in person.

Monsieur Marcel was touched by the girl's enthusiasm and offered to share some of his wisdom with her. They spent the afternoon together, wandering through the village and sharing stories of their favorite adventures.

As the sun began to set, casting a warm, golden glow over the village square, Monsieur Marcel turned to Amélie with a twinkle in his eye.

"Remember, my dear," he said, his voice filled with warmth. "The greatest adventures are the ones we embark upon with an open heart and a curious mind. Never stop exploring, never stop dreaming, and never forget the magic that lies within you."

And as they watched the stars twinkle in the night sky, Monsieur Marcel felt a sense of joy and fulfillment wash over him. For he knew that, no matter where life took him, he would always be an adventurer at heart—a true explorer of the world and all its wonders.

Une Journée en Provence

Le soleil se levait sur les collines ondoyantes de Provence, projetant une lueur dorée sur le village endormi en contrebas. Pierre se tenait à la fenêtre de sa modeste ferme, respirant l'air frais du matin. C'était un homme de peu de mots, son visage buriné par des années de labeur dans les champs.

En sortant, le parfum de la lavande emplit ses sens, se mêlant à la douce fragrance des pêches mûres pendues lourdement aux arbres. C'était la saison des récoltes en Provence, un temps d'abondance et de plénitude.

Pierre se dirigea vers les champs, ses bottes craquant sur la terre sèche sous ses pieds. Il travaillait avec une détermination silencieuse, ses mains bougeant avec une aisance acquise alors qu'il cueillait des paniers de fruits mûrs des arbres.

Alors que le soleil montait plus haut dans le ciel, Pierre essuya la sueur de son front et prit une gorgée d'eau dans sa gourde. La chaleur de midi était accablante, mais Pierre était inflexible. Il avait du travail à faire, et il le mènerait à bien.

En travaillant, Pierre ne pouvait s'empêcher de penser à Marie, la femme qui possédait le vignoble voisin. Elle était une vision de beauté, ses longs cheveux ondulants de la couleur du blé baigné de soleil et ses yeux aussi bleus que le ciel d'été. Pierre l'avait aimée de loin aussi longtemps qu'il s'en souvenait, mais il n'avait jamais trouvé le courage de lui dire ce qu'il ressentait.

Perdu dans ses pensées, Pierre ne remarqua pas la silhouette s'approcher jusqu'à ce qu'elle soit juste à côté de lui. C'était Marie, ses joues rougies par l'effort et ses yeux étincelants de malice.

"Bonjour, Pierre," dit-elle avec un sourire. "Tu travailles dur, je vois."

Pierre hocha la tête, son cœur battant dans sa poitrine. Il avait rêvé de ce moment depuis des années, mais maintenant qu'il était là, il se trouvait à court de mots.

Marie tendit la main et prit celle de Pierre dans la sienne, son toucher lui envoyant un frisson dans l'échine.

"J'ai quelque chose pour toi," dit-elle, sa voix douce et tendre.

Avec un geste théâtral, elle sortit un petit panier rempli de pêches mûres, leur peau brillant comme des orbs de pur soleil.

"Ceux-ci sont pour toi," dit-elle, ses yeux brillant de chaleur. "En signe de mon appréciation pour tout ton dur labeur."

Le cœur de Pierre bondit de joie en acceptant le cadeau, ses doigts effleurant les siens en prenant le panier de ses mains.

"Merci, Marie," dit-il, sa voix à peine audible. "Tu as illuminé ma journée."

Et avec cela, Marie sourit et s'en alla, laissant Pierre debout dans les champs avec un cœur plein d'espoir et un panier plein de pêches.

Alors que le soleil commençait à se coucher sous l'horizon, projetant une lumière chaude et dorée sur les champs, Pierre retourna à la ferme. Il était fatigué mais content, son esprit rempli de pensées pour Marie et l'avenir qui l'attendait.

Alors qu'il était assis sur le porche, regardant les étoiles scintiller dans le ciel nocturne, Pierre se fit une promesse. Il rassemblerait son courage et dirait à Marie ce qu'il ressentait, quelle que soit l'issue.

Car il savait que la vie était trop courte pour laisser passer l'amour, et il était déterminé à saisir l'instant à pleines mains et ne jamais le lâcher.

A Day in Provence

The sun rose over the rolling hills of Provence, casting a golden glow over the sleepy village below. Pierre stood at the window of his modest farmhouse, breathing in the crisp morning air. He was a man of few words, his rugged face weathered by years of toil in the fields.

As he stepped outside, the scent of lavender filled his senses, mingling with the sweet fragrance of ripe peaches hanging heavy on the trees. It was harvest season in Provence, a time of abundance and plenty.

Pierre made his way to the fields, his boots crunching on the dry earth beneath his feet. He worked with a quiet determination, his hands moving with practiced ease as he picked bushels of ripe fruit from the trees.

As the sun climbed higher in the sky, Pierre wiped the sweat from his brow and paused to take a sip of water from his canteen. The midday heat was oppressive, but Pierre was undeterred. He had work to do, and he would see it through to the end.

As he worked, Pierre couldn't help but think of Marie, the woman who owned the neighboring vineyard. She was a vision of beauty, her long, flowing hair the color of sun-drenched wheat and her eyes as blue as the summer sky. Pierre had loved her from afar for as long as he could remember, but he had never found the courage to tell her how he felt.

Lost in thought, Pierre didn't notice the figure approaching until they were standing right beside him. It was Marie, her cheeks flushed with exertion and her eyes sparkling with mischief.

"Bonjour, Pierre," she said with a smile. "Working hard, I see."

Pierre nodded, his heart pounding in his chest. He had dreamed of this moment for years, but now that it was here, he found himself at a loss for words.

Marie reached out and took Pierre's hand in hers, her touch sending a shiver down his spine.

"I have something for you," she said, her voice soft and gentle.

With a flourish, she produced a small basket filled with ripe peaches, their skins glowing like orbs of pure sunshine.

"These are for you," she said, her eyes shining with warmth. "As a token of my appreciation for all your hard work."

Pierre's heart soared with joy as he accepted the gift, his fingers brushing against hers as he took the basket from her hands.

"Thank you, Marie," he said, his voice barely above a whisper. "You have made my day."

And with that, Marie smiled and walked away, leaving Pierre standing in the fields with a heart full of hope and a basket full of peaches.

As the sun began to dip below the horizon, casting a warm, golden light over the fields, Pierre made his way back to the farmhouse. He was tired but content, his mind filled with thoughts of Marie and the future that lay ahead.

As he sat on the porch, watching the stars twinkle in the night sky, Pierre made a promise to himself. He would gather his courage and tell Marie how he felt, no matter the outcome.

For he knew that life was too short to let love pass him by, and he was determined to seize the moment with both hands and never let go.

Café au Soleil

Le café était un havre de chaleur et de lumière au cœur de Paris. Il se dressait à l'angle d'une rue animée, ses portes grandes ouvertes pour accueillir la brise fraîche du matin. À l'intérieur, l'arôme du café fraîchement préparé se mêlait au doux parfum des pâtisseries, créant une atmosphère à la fois accueillante et réconfortante.

Jean-Pierre était assis à sa table habituelle près de la fenêtre, une tasse fumante de café entre ses mains. C'était un homme de peu de mots, son visage ridé marqué par les traces d'une vie bien vécue. Ses yeux, bien que fatigués, étincelaient d'une lueur espiègle alors qu'il observait le monde passer dehors.

Le café était son sanctuaire, un endroit où il pouvait échapper au bruit et au chaos de la ville et simplement être. Il venait ici depuis aussi longtemps qu'il s'en souvenait, attiré par la promesse d'un bon café et d'une bonne compagnie.

Alors que Jean-Pierre savourait son café, il ne put s'empêcher de sourire aux visages familiers qui remplissaient le café. Il y avait Madame Dubois, la propriétaire, affairée derrière le comptoir avec une grâce et une efficacité qui démentaient son âge. Et il y avait François, le jeune serveur avec un éternel éclat dans les yeux et un penchant pour les récits.

Mais c'était Élise qui captivait l'attention de Jean-Pierre par-dessus tout. Elle était une vision de beauté, ses cheveux dorés cascadaient en vagues dans son dos alors qu'elle se déplaçait gracieusement entre les tables, son rire résonnant comme de la musique dans l'air.

Élise était nouvelle au café, étant arrivée à Paris seulement quelques semaines plus tôt. Elle était peintre de profession, ses toiles remplies de couleurs vibrantes et de coups de pinceau audacieux qui semblaient danser avec la vie. Jean-Pierre avait été captivé par elle dès le premier regard, attiré par son esprit fougueux et son enthousiasme contagieux pour la vie.

Au fil des jours, Jean-Pierre se sentait de plus en plus attiré par Élise. Il restait à sa table bien après que son café soit devenu froid, la regardant travailler avec un mélange d'admiration et d'émerveillement.

Un jour, alors que Jean-Pierre était perdu dans ses pensées, Élise s'approcha de sa table avec un sourire.

"Bonjour, monsieur," dit-elle, sa voix douce et mélodieuse. "Puis-je me joindre à vous ?"

Jean-Pierre acquiesça avec empressement, son cœur battant dans sa poitrine. Il avait rêvé de ce moment pendant des semaines, mais maintenant qu'il était là, il se trouvait à court de mots.

Élise s'installa sur la chaise en face de lui, ses yeux pétillants de curiosité.

"Vous semblez perdu dans vos pensées, monsieur," dit-elle, sa voix douce. "Est-ce que tout va bien ?"

Jean-Pierre prit une profonde inspiration, rassemblant ses pensées avant de répondre.

"Je vous ai observée peindre," dit-il, sa voix à peine audible. "Vous avez un don, Élise, un talent vraiment extraordinaire."

Élise rougit au compliment, ses joues teintées de rose.

"Merci, monsieur," dit-elle, son sourire radieux. "Je suis heureuse que mon travail vous plaise."

Ils restèrent en silence confortable un moment, savourant la chaleur de la compagnie de l'autre. Et tandis qu'ils regardaient le monde passer dehors, Jean-Pierre ressentit un sentiment de paix l'envahir.

"Élise," dit-il soudain, sa voix empreinte d'urgence. "Il y a quelque chose que je dois vous dire."

Les yeux d'Élise s'élargirent de surprise, sa curiosité éveillée.

"Qu'est-ce que c'est, monsieur ?" demanda-t-elle, se penchant plus près.

Jean-Pierre prit une profonde inspiration, son cœur battant dans sa poitrine.

"Je vous aime depuis le moment où je vous ai vue pour la première fois," dit-il, sa voix empreinte d'émotion. "Vous avez volé mon cœur, Élise, et je ne peux pas imaginer une vie sans vous."

Le souffle d'Élise se bloqua dans sa gorge, ses yeux brillants de larmes retenues.

"Jean-Pierre," murmura-t-elle, sa voix à peine audible au-dessus du brouhaha du café. "Je vous aime aussi, depuis le moment où nos regards se sont croisés pour la première fois."

Et avec cela, Jean-Pierre tendit la main à travers la table et prit celle d'Élise dans la sienne, leurs doigts s'entrelaçant dans une promesse silencieuse d'amour et de dévouement.

Ils restèrent ensemble dans la chaleur du café, leurs cœurs entrelacés alors qu'ils regardaient le monde passer dehors. Et alors que le soleil disparaissait sous l'horizon, projetant une lueur dorée sur les rues de la ville, Jean-Pierre sut qu'il avait trouvé son foyer dans les bras de la femme qu'il aimait.

Café au Soleil

The café was a haven of warmth and light in the heart of Paris. It stood on a bustling street corner, its doors thrown wide open to welcome in the cool morning breeze. Inside, the aroma of freshly brewed coffee mingled with the sweet scent of pastries, creating an atmosphere that was both inviting and comforting.

Jean-Pierre sat at his usual table near the window, a steaming cup of coffee cradled in his hands. He was a man of few words, his weathered face lined with the marks of a life well-lived. His eyes, though tired, sparkled with a hint of mischief as he watched the world pass by outside. The café was his sanctuary, a place where he could escape the noise and chaos of the city and simply be. He had been coming here for as long as he could remember, drawn by the promise of good coffee and good company.

As Jean-Pierre sipped his coffee, he couldn't help but smile at the familiar faces that filled the café. There was Madame Dubois, the owner, bustling about behind the counter with a grace and efficiency that belied her age. And there was François, the young waiter with a perpetual twinkle in his eye and a penchant for storytelling.

But it was Élise who captured Jean-Pierre's attention above all else. She was a vision of beauty, her golden hair cascading in waves down her back as she moved gracefully between the tables, her laughter ringing out like music in the air.

Élise was new to the café, having arrived in Paris just a few weeks earlier. She was a painter by trade, her canvases filled with vibrant colors and bold brushstrokes that seemed to dance with life. Jean-Pierre had been captivated by her from the moment he first laid eyes on her, drawn to her fiery spirit and infectious zest for life.

As the days turned into weeks, Jean-Pierre found himself drawn to Élise more and more. He would linger at his table long after his coffee had grown cold, watching her work with a sense of awe and admiration.

One day, as Jean-Pierre sat lost in thought, Élise approached his table with a smile.

"Bonjour, monsieur," she said, her voice soft and melodious. "May I join you?"

Jean-Pierre nodded eagerly, his heart pounding in his chest. He had dreamed of this moment for weeks, but now that it was here, he found himself at a loss for words.

Élise settled into the chair opposite him, her eyes sparkling with curiosity.

"You seem lost in thought, monsieur," she said, her voice gentle. "Is everything alright?"

Jean-Pierre took a deep breath, gathering his thoughts before replying.

"I have been watching you paint," he said, his voice barely above a whisper. "You have a gift, Élise, a talent that is truly extraordinary."

Élise blushed at the compliment, her cheeks tinged with pink.

"Thank you, monsieur," she said, her smile radiant. "I am glad you enjoy my work."

They sat in comfortable silence for a moment, savoring the warmth of each other's company. And as they watched the world pass by outside, Jean-Pierre felt a sense of peace wash over him.

"Élise," he said suddenly, his voice filled with urgency. "There is something I must tell you."

Élise's eyes widened in surprise, her curiosity piqued.

"What is it, monsieur?" she asked, leaning in closer.

Jean-Pierre took a deep breath, his heart pounding in his chest.

"I have loved you since the moment I first saw you," he said, his voice raw with emotion. "You have stolen my heart, Élise, and I cannot imagine a life without you in it."

Élise's breath caught in her throat, her eyes shining with unshed tears.

"Jean-Pierre," she whispered, her voice barely audible above the din of the café. "I have loved you too, from the moment our eyes first met."

And with that, Jean-Pierre reached across the table and took Élise's hand in his, his fingers intertwining with hers in a silent promise of love and devotion.

They sat together in the warmth of the café, their hearts entwined as they watched the world pass by outside. And as the sun dipped below the horizon, casting a golden glow over the city streets, Jean-Pierre knew that he had found his home in the arms of the woman he loved.

Le Secret

Dans un petit village niché au cœur de la France, vivait une jeune fille nommée Marie. Elle avait des joues roses et des yeux bleus vifs qui étincelaient comme le ciel d'été. Chaque matin, Marie se réveillait avant le lever du soleil et sortait discrètement de sa petite maison. Avec un panier à la main, elle se rendait sur la place du village où elle installait son étal rempli d'une variété de fleurs colorées.

Marie aimait les fleurs plus que tout au monde. Elle passait des heures à s'en occuper, chuchotant des mots doux tout en caressant délicatement leurs pétales. Les gens de partout venaient admirer ses belles fleurs et les acheter pour décorer leurs maisons.

Un matin ensoleillé, alors que Marie arrangeait ses fleurs, un jeune homme séduisant s'approcha de son étal. Il avait des cheveux foncés qui bouclaient aux extrémités et des yeux marron profond qui semblaient empreints d'une pointe de tristesse.

"Bonjour, mademoiselle," dit-il avec un sourire chaleureux. "Vos fleurs sont vraiment exquises."

Marie rougit au compliment et remercia gracieusement le jeune homme. Elle remarqua qu'il avait l'air tourmenté, et son cœur se serra pour lui.

"Quelque chose vous tracasse-t-il, monsieur ?" demanda-t-elle doucement.

Le jeune homme hésita un moment avant de répondre : "Je suis à la recherche d'une fleur qui puisse réparer un cœur brisé."

Les yeux de Marie s'élargirent de surprise. Elle avait entendu parler des pouvoirs magiques de certaines fleurs, mais elle n'en avait jamais rencontré elle-même.

"Je ne suis pas sûre qu'une telle fleur existe," admit-elle. "Mais peut-être que je peux vous aider à trouver quelque chose qui vous apportera du réconfort."

Le jeune homme acquiesça avec gratitude, et ensemble, ils commencèrent à parcourir la collection de fleurs de Marie. Elle lui montra des roses délicates pour l'amour, des tournesols vibrants pour le bonheur et de la lavande parfumée pour la paix.

Mais aucune d'entre elles ne semblait être ce que le jeune homme cherchait. Il soupira et secoua la tête, ses yeux remplis de déception.

À ce moment-là, le regard de Marie se posa sur une petite fleur modeste, cachée dans un coin de son étal. C'était un myosotis, avec des pétales de la couleur du ciel et un parfum délicat qui dansait sur la brise.

"Peut-être que cela pourrait aider," dit-elle doucement, en cueillant la fleur de sa tige et en la tendant au jeune homme.

Il la prit doucement dans ses mains, ses yeux s'élargissant d'émerveillement. "Comment le saviez-vous ?" chuchota-t-il.

Marie sourit mystérieusement. "Certains secrets sont faits pour être gardés," dit-elle de manière cryptique.

Le jeune homme la remercia profusément et partit avec le myosotis serré dans sa main. Marie le regarda partir, un sourire complice aux lèvres.

The Secret

In a small village nestled in the heart of France, there lived a young girl named Marie. She had rosy cheeks and bright blue eyes that sparkled like the summer sky. Every morning, Marie would wake up before the sun rose and tiptoe quietly out of her tiny cottage. With a basket in hand, she would make her way to the village square where she set up her stall filled with an array of colorful flowers.

Marie loved flowers more than anything else in the world. She would spend hours tending to them, whispering sweet words as she gently caressed their petals. People from all around would come to admire her beautiful blooms and buy them to decorate their homes.

One sunny morning, as Marie arranged her flowers, a handsome young man approached her stall. He had dark hair that curled at the ends and deep brown eyes that seemed to hold a hint of sadness.

"Bonjour, mademoiselle," he said with a warm smile. "Your flowers are truly exquisite."

Marie blushed at the compliment and thanked the young man graciously. She noticed that he looked troubled, and her heart went out to him.

"Is something troubling you, monsieur?" she asked softly.

The young man hesitated for a moment before replying, "I am searching for a flower that can mend a broken heart."

Marie's eyes widened in surprise. She had heard stories of the magical powers of certain flowers, but she had never encountered one herself.

"I'm not sure if such a flower exists," she admitted. "But perhaps I can help you find something that will bring you comfort."

The young man nodded gratefully, and together they began to browse through Marie's collection of flowers. She showed him delicate roses for love, vibrant sunflowers for happiness, and fragrant lavender for peace.

But none of them seemed to be what the young man was looking for. He sighed and shook his head, his eyes filled with disappointment.

Just then, Marie's gaze fell upon a small, unassuming flower tucked away in the corner of her stall. It was a forget-me-not, with petals the color of the sky and a delicate fragrance that danced on the breeze.

"Perhaps this might help," she said softly, plucking the flower from its stem and handing it to the young man.

He took it gently in his hands, his eyes widening in wonder. "How did you know?" he whispered.

Marie smiled mysteriously. "Some secrets are meant to be kept," she said cryptically.

The young man thanked her profusely and left with the forget-me-not clutched tightly in his hand. Marie watched him go, a knowing smile playing on her lips.